Een held op sokken

Arend van Dam
tekeningen van
Annemie Berebrouckx

Dansles

'Luuk.'
'Ja, mam.'
'Het is vrijdag vandaag.'
'Ja, mam.'
'Papa en ik gaan dansen.'
'Ja, mam.'
Luuk neemt een hap van zijn brood.
En een slok van zijn melk.
Hij weet dat het vrijdag is.
Op vrijdag gaan papa en mama dansen.
Dan komt Trees, de oppas.

Dat vindt Luuk leuk.
Trees speelt schaak.
Ze kan het heel goed.
Toch wint Luuk altijd.
Maar vandaag is alles anders.
Trees kan niet komen.
Ze is ziek.
Ze heeft rode pukkels: rodehond.
Voor de eerste keer blijft Luuk alleen thuis.
'Luuk.'
'Ja, mam?'
'Ben je niet bang alleen?'
'Nee, mam.'
Dat is niet waar.
Luuk is wel bang.
Nou ja, een klein beetje.
Maar hij vindt het ook leuk.
Hij wil graag een keer alleen thuis zijn.
Hij is al groot genoeg.
Hij zorgt voor het huis.
En hij zorgt voor zichzelf.
Helemaal alleen.

Luuk staat klaar bij de deur.
Hij houdt de klink in zijn hand.
Papa komt er aan.
Hij zict er mooi uit.

Zijn schoenen zijn gepoetst.
Hij pakt zijn jas van de kapstok.
'Papa, kijk uit,' zegt Luuk.
'Struikel niet over mijn rolschaats.'
Papa doet een stap opzij.
'Luuk.'
'Ja, papa.'
'Wees voorzichtig.
Doe de deur dicht.
Niet opendoen voor vreemden.'
'Ja, papa.'
Papa loopt naar de auto.
Hij stapt in.
Mama komt er aan.
Ze ziet er deftig uit.
Op hoge hakken wankelt ze door de kamer.
Bijna stapt ze op de rolschaats.
'Mam!' roept Luuk.
Maar het gevaar is al voorbij.
'Luuk.'
'Ja, mam?'
'Ik heb drinken klaargezet.
Ga op tijd naar bed.
We zijn om tien uur thuis.'
Luuk krijgt een kus op zijn snuit.
Hij doet de deur dicht.
Hij rilt.

Nu is hij alleen.
Voor het eerst.
Het huis is groot en leeg.
Luuk loopt de kamer in.
Zijn schaduw sluipt met hem mee.
Luuk maakt een sprong.
Hij wil weten wat zijn schaduw doet.
Luuk komt neer op een rolschaats.
Hij maakt een koprol door de lucht.
Hij maakt een lelijke smak.
De schaduw op de muur doet hem na.
Maar die heeft geen pijn.
Luuk gaat voorzichtig op de bank zitten.
Hij doet de televisie aan.
Er is een leuke film.
En weg zijn de angst en de pijn.

Echt

Luuk moet lachen om wat hij ziet.
Tot er iets engs gebeurt.
Een monster sluipt de kamer binnen.
In de film.
Iemand gilt het uit.
Het is maar een film.
Ergens piept een deur.
Is het in de film?
Luuk doet de televisie uit.
Hij luistert naar de stilte.
Luuk doet de radio aan.
Iemand speelt op een viool.
De viool zingt een blij lied.
Dan gaat een groot orkest meedoen.
De muziek klinkt als een storm.
Het begint te onweren.
Dat doen de trommels.
Een rilling loopt over Luuks rug.
Hij zet de radio maar liever uit.
Misschien is lezen minder eng.
Hij leest een mooi verhaal.
Een meisje speelt aan de waterkant.
Ze speelt met haar pop.
De pop valt in het water.
Het meisje wil de pop pakken.

Ze strekt haar arm uit.

Zal ze ook in het water vallen?

Het meisje is bang.

Ze schreeuwt om hulp.

Komt de redding op tijd?

Luuk is ook bang.

Hij kan niet verder lezen.

Het verhaal is verzonnen.

Maar het lijkt echt gebeurd.

Hij doet het boek dicht.

Op de tafel ligt een krant.

Luuk leest de grote letters:

'Wilde hond is los.'

Luuk leest ook de kleine letters:

'De politie zoekt een hond.

Hij loopt los rond.

Hij is groot en sterk en wild.

Kijk uit, hij bijt.

Zijn naam is: Reus.

Bel de politie als u hem ziet.'

Luuk rilt.

Dit is niet verzonnen.

Dit is echt.

Wat nu?

Zal hij de televisie aandoen?

Of toch maar weer de radio?

Zal hij een boek lezen?

Of toch maar liever de krant?
Nee, Luuk gaat naar bed.
In bed is hij veilig.
In bed kan hem niets overkomen.
Daar komt de slaap.
Luuk sluipt naar boven.
De trap kraakt, maar dat is niet erg.
Het komt door Luuk zelf.
Luuk poetst zijn tanden.
Hij doet een plas.
Met zijn kleren aan stapt hij in bed.
Er klinkt een diepe zucht.
Maar dat geeft niet, dat doet hij zelf.
Luuk luistert naar de stilte.
De stilte maakt veel lawaai.

In de verte klinkt geblaf.
Zou het de wilde hond zijn?
Waren papa en mama maar thuis.
Was Trees er maar.
Trees zou hem voorlezen.
Ze zou hem knuffelen tot hij sliep.
Luuk draait zich om.
Langzaam vallen zijn ogen dicht.

Het geluid

Plotseling zit Luuk rechtop in bed.
Hij is klaarwakker.
Sliep hij dan?
Ja, hij was in slaap gevallen.
Tot de schreeuw klonk.
Een schreeuw vlak bij hem, in de tuin.
Maar nu is het stil.
Luuk spitst zijn oren.
Wat is dat voor een geluid?
Is dat een klok die slaat?
Of zijn dat voetstappen op de trap?
Luuk stapt uit zijn bed.
Hij is te bang om te blijven liggen.
Hij moet weten wat er is.
Weer klinkt het geluid.
Het gaat door merg en been.
Het is een gil in het donker.
Luuk sluipt de trap af.
Hij doet de buitendeur op een kier.
Hij loert om de hoek.
Gelukkig, er is niets aan de hand.
Er is niets om bang voor te zijn.
Dapper doet Luuk een paar stappen vooruit.
Nu staat hij buiten in de kou.
Plotseling klinkt er weer een gil.

Luuk wil naar binnen vluchten.

Maar de deur valt met een knal dicht.

Stijf van angst staat Luuk bij zijn huis.

Hij kan er niet meer in.

In het donker sluipt een schaduw voorbij.

Het is de schaduw van een kat.

De kat is op jacht.

Er fladdert iets door de lucht.

Luuk ziet de vleugels van een duif.

En weer klinkt er een schreeuw.

'Help me!' smeekt de duif.

De kat klemt de duif in zijn bek.

Luuk moet iets doen.

Hij rent de kat achterna.

En hij blaft zo hard hij kan.

Dat is niet slim.

Een hond die blaft, kan niet bijten.

Dat weet de kat vast ook.

Hij springt over een plantenbak.

Hij duikt onder de tuinstoel door.

Hij klimt in een rozenstruik.

Luuk gaat hem achterna.

De plantenbak valt om.

De stoel zakt in elkaar.

De struik prikt Luuk met duizend doorns.

Plotseling gaat er een raam open.

De buurman steekt zijn kop naar buiten.

'Wat is dat voor lawaai?' roept hij boos.
'Ik kan er niets aan doen,' zegt Luuk.
Dat gelooft de buurman niet.
Een plant zeilt door de lucht.
En nog een en nóg een.
Dat doet de buurman.
Gelukkig gooit hij mis.
De potten vallen in stukken op de grond.
De buurman knalt zijn raam dicht.
Luuk kijkt om zich heen.
Waar is de kat?
En waar is de duif?
Luuk hoort geritsel bij de schuur.
'Help!' schreeuwt de duif.
Luuk gaat de kat weer achterna.
Er vallen scheppen, harken en schoffels.
De kat is Luuk te snel af.
Maar dan maakt het roofdier een fout.
Hij springt over de vijver.
Dat lukt niet met een duif in zijn bek.
Er klinkt een plons.
De kat doet zijn bek open om adem te halen.
De duif is vrij.
Hij fladdert naar de kant.
Luuk staat aan de waterkant.
De kat spartelt in het rond.
Hij maait wild met zijn poten.

Nog even en hij verdrinkt.
Luuk kan het niet aanzien.
Hij is ook bang voor water.
Misschien wel net zo bang als de kat.
Toch gaat hij de vijver in.
Hij kan zwemmen als het moet.
Zacht bijt hij de kat in zijn nek.
Hij sleept het beest naar de kant.
De kat schudt zich uit.
Hij blaast naar Luuk.
Dan gaat hij ervandoor.
Luuk haalt opgelucht adem.
Hij hoeft niet meer bang te zijn.
Het gevaar is voorbij.
Maar is dat wel zo?

Bloed

Luuk kijkt om zich heen.
Wat een rommel op de grond!
Er ligt ook iets roods.
Help, is dat bloed?
Dan ziet hij de duif.
De vogel is gewond.
Haar vleugel is geknakt.
Er drupt bloed op de grond.
Luuk kan niet tegen bloed.
Hij valt bijna flauw.
Maar wie moet de duif dan helpen?
Luuk stapt naar het gewonde dier.
Hij helpt haar overeind.
'Hoe heet je?' vraagt Luuk.
'Zeg maar Duif,' zegt de duif.
'Ik zal je helpen,' zegt Luuk.
'Dank je wel,' zegt Duif zacht.
'Je bent een held.
Ben je nooit bang?'
Op die vraag geeft Luuk geen antwoord.
Samen strompelen ze de straat uit.
Er klinkt gebrom.
Er komt een gele taxi aan.
Dat is een geluk bij een ongeluk.
Hoewel, Luuk houdt niet zo van auto's.

Het hobbelen maakt hem misselijk.
Toch steekt hij snel een poot omhoog.
De taxi stopt langs de kant.
Luuk helpt Duif op de achterbank.
Hij gaat zelf voorin zitten.
'Naar het ziekenhuis,' zegt Luuk.
De taxi begint te rijden.
Luuk houdt zijn buik vast.
De chauffeur geeft flink gas.
Met een vaart rijden ze door de stad.
De chauffeur kijkt toch wel uit?

Plotseling schiet er iets de weg op.
Het is een egel op de vlucht.
Hij sleept een koffer achter zich aan.
Een grote hond zit hem achterna.
De hond draagt een bloes met strepen.
Is het de wilde hond?
De hond uit de krant?
Plotseling schiet de koffer open.
Er vliegen kleren in het rond.
Geschrokken blijft de egel staan.

'Kijk uit!' schreeuwt Luuk.

Maar de chauffeur luistert niet.

De taxi gaat recht op de egel af.

Luuk moet iets doen.

Hij steekt zijn poot uit.

En hij geeft een ruk aan het stuur.

De taxi maakt een scherpe bocht.

De egel is gered.

Blij kijkt hij achterom.

Maar de chauffeur kijkt boos.

Ze rijden recht op een boom af.

Knal!

De taxi staat stil.

De chauffeur en Luuk stappen uit.

Ze kijken naar de deuk in de motorkap.

Het glas van een koplamp is kapot.

Er komt rook uit de motor.

Luuk doet de deur open voor de duif.

'Kom,' zegt hij, 'we lopen wel verder.'

Luuk en Duif steken de straat over.

De egel is nergens meer te zien.

En de hond gelukkig ook niet.

Was het de wilde hond uit de krant?

Luuk moet er niet aan denken.

Snel sleurt hij de duif met zich mee.

'Kom terug!' roept de chauffeur.

Hij staat woedend te stampen op de grond.

Straks komt hij hen achterna.
Of misschien belt hij de politie.
Dan krijgt Luuk de schuld.
Dan moet hij naar het bureau.
Luuk rilt van het idee.
Hij kijkt om zich heen.
Ze zijn bijna in het park.
Daar zijn ze veilig.
Hij trekt Duif mee de bosjes in.
Zou het daar echt wel veilig zijn?

De val

In het park is het stil.
Luuk kijkt naar de bomen.
Ze steken zwart af tegen de lucht.
Hij kijkt in twee ogen.
Twee ogen?
Die zijn toch niet van...?
Plotseling stuift de wilde hond op hen af.
Hij grijpt Duif in zijn bek.
En weg is hij.
Luuk aarzelt.
Het valt niet mee om dapper te zijn.
Hij schudt de angst van zich af.
Hij gaat Reus achterna.
Die rent het park uit.
Hij steekt de straat over.
Daar is een bouwplaats.
Reus glipt door het hek naar binnen.
Er liggen stapels met stenen.
Er wordt een kantoor gebouwd.
Het is nog lang niet af.
Reus kan nergens naartoe.
Hij zit in het nauw.
Toch geeft hij niet op.
Hij springt op een stapel stenen.
Van de stenen springt hij op een ladder.

Via de ladder komt hij op een balk.

Luuk kijkt omhoog.

Alles wat hoog is, maakt hem bang.

Poot voor poot kruipt hij omhoog.

Eerst langs de ladder.

Dan over de balk.

De balk wiebelt heen en weer.

Reus staat aan de ene kant van de balk.

Luuk aan de andere kant.

Hij kijkt naar beneden.

Wat is de grond ver weg!

Wat worden zijn poten slap!

Dan kijkt hij naar Reus.

'Laat Duif gaan!' bijt hij Reus toe.

'Ik lust je rauw,' gromt de wilde hond.

Luuk doet een stap naar voren.

De balk lijkt wel een wip.

Luuk vliegt omhoog.

De wilde hond en de duif suizen omlaag.

'Help!' schreeuwt Reus met zijn bek wijd open.

Duif schiet los.

Vleugels fladderen.

Poten maaien door de lucht.

Met een smak valt Reus op de grond.

Luuk maakt een zachte landing.

Hij valt boven op de wilde hond.

Snel staat hij op.

Hij grijpt Duif bij haar vleugel.

'Kom mee,' zegt hij.

'Het is tijd om op te stappen.

Het ziekenhuis is om de hoek.'

Ze komen samen bij de Eerste Hulp.

De deuren schuiven open.

'Je gaat toch wel mee?' vraagt Duif.

Maar Luuk blijft staan.

Hij steekt zijn neus in de lucht.

Hij ruikt iets vies.

Het ruikt naar dokters en naar pillen.

Die geur maakt hem bang.

'Toe, kom nou mee,' zegt Duif.

'Het doet geen pijn.'

Luuk kijkt naar de vleugel van de duif.

Hij schaamt zich.

Een echte hond is een vriend.

'Ik ga mee,' zegt hij dapper.

Verdoofd

Luuk en Duif staan voor een loket.
'Poot gebroken?' vraagt de zuster.
Luuk schudt zijn kop.
'Vleugel lam,' zegt Duif.
'De dokter komt zo,' zegt zuster Zebra.
Het is waar, de dokter komt zo.
Hij neemt Duif mee.
Luuk wacht in de wachtkamer.
Dan komt de dokter terug.
'Kun je helpen?' vraagt hij aan Luuk.
'Wie, ik?' vraagt Luuk. 'Ik wil niet mee.'
'Vleugel vasthouden,' zegt dokter Ezel.
'Het is zo gebeurd.'
Luuk wil niet mee, maar hij moet wel.
Duif ligt op een tafel.
De operatie begint.
'Hou de vleugel vast,' zegt de dokter.
'Ik geef een spuit.'
Luuk pakt de vleugel van Duif.
Snel knijpt hij zijn ogen dicht.
Hij is als de dood voor de spuit.
Die wil hij niet zien.
'Het doet geen pijn,' zegt de dokter.
'Au!' gilt Luuk.
Hij kreeg een prik in zijn poot.

'Sorry,' zegt de dokter.

'Dat was de verkeerde vleugel.'

Luuk voelt zich moe.

Heel moe en heel slap.

Hij zakt op de grond.

Een plens water maakt hem wakker.

'De operatie is geslaagd,' zegt de dokter.

Luuk kijkt naar Duif.

Haar vleugel zit in het gips.

Ze is diep in slaap.

'Duif moet een nachtje blijven,' zegt de dokter.

Dat zou Luuk ook wel willen.

Lekker slapen in een hoog bed.

Luuk probeert op te staan.

Maar zijn poten zijn van pap.

Hij wiebelt de kamer uit.

'Betalen bij het loket,' balkt de dokter.

Luuk schrikt.

'Ik heb geen geld,' zegt hij zacht.

De dokter wordt woedend.

'Een spalk en gips en een verband.

Wat denk je dat dat wel niet kost?'

Luuk heeft geen idee.

Hij wankelt langs het loket.

Op straat zet hij het op een lopen.

Zo hard als een slappe hond lopen kan.

De weg naar huis zit vol kronkels.

Of komt dat door de spuit?

Eindelijk, daar is de tuin van Luuks huis.

De tuin ligt vol met troep.

Die moet eerst weg.

In de verte klinken enge geluiden.

Het geblaf van een hond.

Is het de wilde hond?

En het mauwen van een kat.

Is het de gemene kat?

Snel gaat Luuk aan het werk.

Eerst doet hij de planten in de bak.

Dan zet hij de stoel rechtop.

De scherven gooit hij over het hek.

Die zijn van de buurman.

Net op tijd is Luuk klaar.

Het geblaf komt dichterbij

En het mauwen wordt ook luider.

Luuk kijkt naar zijn huis.

Hij is moe.

Hij wil naar bed.

Maar hoe komt hij binnen?

In bed

Luuk voelt aan de deuren.
De voordeur is dicht.
En de achterdeur zit ook op slot.
Hij kijkt omhoog.
Het raam van zijn kamer staat op een kier.
Luuk hijst zich op de regenton.
Dat valt niet mee.
Zijn rechterpoot is nog een beetje stijf.
Dat komt door de prik.
Het is nog een heel stuk naar de dakgoot.
Luuk pakt de regenpijp.
Hij probeert zich op te trekken.
Maar de pijp is glad.
Hij glijdt terug.
En hij komt met zijn gat in de ton.
Het water is koud en nat.
Er is nog één weg naar boven.
Dat is de rozenstruik.
Maar de doorns van de roos zijn scherp.
Toch zit er niets anders op.
Luuk bijt op zijn tanden.
Hij grijpt de takken vast.
'Au!'
Huilend van de pijn klimt Luuk omhoog.
Boven in de dakgoot hijgt hij uit.

O, wat is het dak hoog.

Poot voor poot schuifelt hij naar het raam.

Hij duwt het raam open.

Met een plof belandt hij op zijn bed.

Eindelijk is hij thuis.

Alleen thuis.

Luuk kijkt in de spiegel.

Wat ziet hij eruit!

Vieze vegen en vlekken.

Hier en daar een druppel bloed.

Hij trekt al zijn kleren uit.

En hij stapt onder de douche.

Dat heeft hij nog nooit alleen gedaan.

Maar vandaag is alles anders.

Hij spoelt zich schoon en maakt zich droog.

Zijn vuile kleren gooit hij in de mand.

Hij trekt zijn pyjama aan.

Nog nooit is Luuk zo moe geweest.

Hij stapt in bed en valt meteen in slaap.

Hij hoort niets meer.

En hij ziet niets meer.

Hij droomt over de duif.

Over de kat en over de boze buurman.

Over de egel en de hond.

Over de botsing tegen de boom.

En over de dokter in het ziekenhuis.

Hij merkt niet dat de deur opengaat.

Twee honden sluipen de kamer in.
Ze kijken naar hun slapende kind.
'Wat is hij lief,' zegt de moeder.
'Het is een grote jongen,' zegt de vader.
'Hij heeft geen oppas meer nodig.'
'Je hebt gelijk,' zegt de moeder.
'We hoefden ons geen zorgen te maken.
Hij heeft de hele avond geslapen.'

Ontbijt

'Luuk, wakker worden!'
'Grrr,' gromt Luuk.
Hij voelt iets aan zijn arm.
Is het Reus, de hond?
Dan moet hij vluchten!
'Luuk, Luuk!'
Hij hoort zijn naam.
Iemand roept hem.

Is het de duif?
Heeft Duif hulp nodig?
Luuk draait zich om.
Hij wil slapen zolang hij kan.
'Au!'
Iemand geeft hem een por in zijn zij.
Is hij in het ziekenhuis?
Geeft dokter Ezel hem een prik?
Voorzichtig doet Luuk een oog open.

Hij ziet de lieve kop van zijn moeder.
'Word eens wakker,' zegt ze.
'Wat slaap je diep.'
'Ik heb gedroomd,' zegt Luuk.
'Kom er maar gauw uit,' zegt mama.
'Het is mooi weer.
Ga maar fijn de tuin in.
Je bent al zo lang niet buiten geweest.'

Luuk stapt zijn bed uit.
Hij strompelt de trap af.
Papa zit al klaar met het ontbijt.
Luuk krijgt pap met stroop.
Hij eet er lekker van.
Hij heeft een flinke trek.
'Ging het goed?' vraagt papa.
Luuk knikt en slikt een hap door.
'Je bent een grote vent,' zegt papa.
'Je hebt geen oppas meer nodig.
We hebben heerlijk gedanst.
Blijf je volgende week weer alleen thuis?'
Luuk verslikt zich bijna in de pap.
Hij zet grote ogen op.
'Trees mag best komen,' zegt hij.
'Ze wil graag spelletjes doen.
Ze kan heel goed schaken.
Maar ik mag altijd winnen.'

Luuk neemt een grote hap.
De pap druipt langs zijn kin.
Hij likt de pap weg met zijn tong.
Hij denkt: ze moesten eens weten!
Een diepe zucht komt uit zijn keel.
Het avontuur is goed afgelopen.
Niemand hoeft te weten wat er is gebeurd.
'Mag ik nog een beetje pap?' vraagt Luuk.
Plotseling klinken er voetstappen op het pad.
Dan gaat de bel.
Wie kan dat zijn?

Spetter

In Spetter 4 zijn verschenen:

Serie 2
Arno Bohlmeijer: Help mij!
Margriet Heymans: Dora, of de tante van de trollen
Vivian den Hollander: Spekkie en Sproet en de gestolen auto
Anton van der Kolk: De dag dat er niets bijzonders gebeurde
Elle van Lieshout en Erik van Os: O, mijn lieve, lieve Lien
Nanda Roep: Het monsterfeest
Nicolette Smabers: De brief van oom Nejus
Anke de Vries: Kijk naar de kat!

Serie 3
Vivian den Hollander: Spekkie en Sproet en het vreemde briefje
Joke van Leeuwen: Sontjeland
Elisabeth Mollema: Opa ontvoerd
Lidewij van den Eerenbeemt: Zwanen zijn van niemand
Hendrickje Spoor: Joris en de zeven meisjes
Bies van Ede: Vlieg op!
Koos Meinderts: Leve de nieuwe koning!
Roswitha Wiedijk: Spoken op de kermis

Serie 4
Stef van Dijk: Wat een avontuur
Vivian den Hollander: Spekkie en Sproet en het verdwenen beeld
Arend van Dam: Een held op sokken
Anton van der Kolk: Een hoge pieptoon
Martine Letterie: De tweelingclub
Paul van Loon: De papoes
Nanda Roep: Getsie Gertje
Frank Smulders: Zoen me

Spetter is er ook voor kinderen van 6 en 8 jaar.

Boeken met dit vignet zijn op niveaubepaling geregistreerd en gecontroleerd door KPC Groep te 's-Hertogenbosch.

0 1 2 3 4 5 / 05 04 03 02 01

ISBN 90.276.8170.8 • NUGI 220

Vormgeving: Rob Galema
Logo Spetter en schutbladen: Joyce van Oorschot

© 2001 Tekst: Arend van Dam
Illustraties: Annemie Berebrouckx
Uitgeverij Zwijsen Algemeen B.V. Tilburg

Voor België:
Zwijsen-Infoboek, Meerhout
D/2001/1919/315